Todos los libros de Linkgua Ediciones cuentan con modelos de Inteligencia Artificial entrenados por hispanistas. Pregúntale al chat de tu libro lo que desees acerca de la obra o su autor/a.

Para **ebooks**: Accede a nuestro modelo de IA a través de este enlace.

Para **libros impresos**: Escanea el código QR de la portada con tu dispositivo móvil.

Obtén análisis detallados de nuestros libros, resúmenes, respuestas a tus preguntas y accede a nuestras ediciones críticas generativas para una experiencia de lectura más enriquecedora.
La transparencia y el respeto hacia la autoría de las fuentes utilizadas son distintivos básicos de nuestro proyecto. Por ello, las respuestas ofrecen, mediante un sistema de citas, las fuentes con las que han sido elaboradas.

Document Base provisional per a una futura Constitució participativa de la república de Catalunya

Barcelona 2024
Linkgua-ediciones.com

Créditos

Título original: Document Base provisional per a una futura Constitució participativa de la república de Catalunya.

© 2024, Red ediciones S.L.

e-mail: info@linkgua.com

Diseño de cubierta: Michel Mallard.

ISBN rústica ilustrada: 978-84-1126-734-2.
ISBN ebook: 978-84-9816-148-9.

Sumario

Document Base provisional per a una futura Constitució participativa de la república de Catalunya

Preàmbul

Un dels usatges més antics (segle XV) que varen donar lloc a la darrera compilació de les Constitucions i altres Drets de Catalunha duta a terme l'any 1701 ens recorda: "cada nació escull la seva propia llei".

En compliment d'aquell mandat dels nostres avant-passats, el poble de Catalunya, plenament conscient que tots els poders de la nació emanen de la voluntat lliure i sobirana dels ciutadans, ha decidit promulgar aquesta Constitució amb l'objectiu de garantir la igualtat davant la llei, protegir la dignitat humana , assegurar la separació de Poders, fomentar la democràcia participativa, i respectar els valors fonamentals que recullen la Declaració Universal de Nacions Unides de 1948, el Pacte Internacional de Drets Civils i Polítics de 1966, el Pacte internacional de Drets econòmics i socials de 1977, els Tractats de la Unió Europea, i la Carta de la Terra aprovada al Forum mundial de Rio de Janeiro l'any 1997.

Els catalans, actuant amb plena llibertat, sabedors que la nostra Història així ho demana des que l'any 1714 van ser abolides les nostres Constitucions i drets vigents des del 1481, tot reivindicant amb fermesa i orgull el nostre passat, afirmem l'existència actual de la identitat nacional catalana, i conscients que el poder d'una nació emana únicament i exclusiva del seu poble, promulguem aquesta Constitució, i declarem de forma solemne que som germans de tots els pobles, que busquem la fraternitat, amistat i el respecte de tots ells, i que amb la força de la nostra sincera voluntat oferim la plena cooperació en el desenvolupament i garantia dels drets fonamentals i les llibertats per a tothom arreu del món.

Títol primer

Disposicions generals

Article 1. La sobirania
1. Catalunya es constitueix en Estat sobirà, democràtic i social de Dret.
2. La sobirania recau en el poble de Catalunya.

Article 2. L'Estat català
1. La forma política i jurídica d'organització de l'Estat és la república parlamentària unicameral i no presidencialista.
2. Amb l'objectiu de lluitar contra la injustícia social, la pobresa, els conflictes violents, les desigualtats econòmiques, la degradació medi ambiental i la corrupció, els principis que regeixen l'ordenament jurídic de l'Estat català són: la llibertat, la justícia, la igualtat de drets i obligacions, la cultura, la solidaritat, els Drets Humans , la diversitat i la pau.

Article 3. Els símbols nacionals
1. La bandera de Catalunya continuarà sent la històrica de quatre barres vermelles sobre fons groc.
2. L'himne oficial de Catalunya és 'Els Segadors'.
3. La Diada nacional se celebrarà el dia 11 de setembre.

Article 4. La llengua
1. La llengua oficial i pròpia de Catalunya és el català, i per tant, serà emprada de forma preferent per totes les Administracions publiques en els seus respectius àmbits.

2. Atesa la composició demogràfica i social actual de Catalunya, i amb l'explícita voluntat de vetllar per la millor convivència entre tots els

catalans, sigui quin sigui el seu origen, el castellà gaudeix de l'estatut de llengua cooficial, i podrà ser emprat oralment i per escrit per tots aquells ciutadans que així ho desitgin .

3. L'aranès és la llengua oficial i pròpia de la Vall d'Aran, en règim de cooficialitat plena amb el català.

4. Tots els Poders públics vetllaran per tal que no es produeixi cap discriminació per raó de llengua, atès que totes mereixen idèntic respecte i formen part de l'opció personal i lliure de cada persona.

5. Declarem que la llengua i la cultura afavoreixen la cohesió interna, la prosperitat comuna, l'arrelament social i la diversitat del país.

Article 5. La capitalitat

1. La capital de Catalunya és la ciutat de Barcelona.

2. Barcelona és la seu del Govern de la república, del Parlament i del Tribunal Suprem, poders executiu, legislatiu i judicial.

3. L'Administració de l'Estat es caracteritza pels principis de proximitat i descentralització; en conseqüència, el Consell de Ministres es reunirà en sessió plenària amb una periodicitat mínima anyal a les ciutats de Girona, Lleida i Tarragona.

Títol segon

Drets i deures

Article 6. Els Drets Humans

1. L'ordenament jurídic de la república catalana s'interpretarà sempre d'acord amb els principis inspiradors de la Carta de les Nacions Unides, de la Declaració Universal de Dret Humans, del Pacte Internacional de Drets Civils i Polítics, del Pacte internacional de Drets socials, econòmics i culturals, i del Conveni Europeu de Drets Humans

Article 7. La igualtat

1. Ningú pot ésser discriminat per raó de sexe, ètnia, origen, creences religioses o polítiques, opinions, minusvalua física i/o psíquica, llengua, orientació sexual, o qualsevol altra circumstància personal , social o cultural.

2. La institució jurídica dels aforats és considerada un privilegi inadmisible en un Estat democràtic de Dret, i per tant, es declara que totes les persones són iguala davant la llei, sense cap mena de distinció.

3. L'home i la dona tenen dret a un salari igual per un treball equivalent.

4. L'Estat garanteix el principi fonamental de la igualtat d'oportunitats entre homes i dones, amb especial èmfasi en l'àmbit de l'educació, el treball i l'accés als càrrecs de responsabilitat pública.

Article 8. La dignitat i la integritat humana

1. La vida és inviolable. La pena de mort està expressament prohibida.

2. Ningú no pot ser sotmès a tortures o tractes degradants que menystinguin la seva dignitat com a ésser humà.

3. Tot ser humà té dret a la llibertat personal, a la integritat física i psíquica, a l'ensems que a la elecció de lloc de residència.

4. L'Estat vetllarà per tal que tota persona en situació de necessitat o risc d'exclusió social, gaudeixi d'una renda mínima garantida que li permeti desenvolupar una vida digna.

Article 9. Protecció de l'àmbit privat

1. Tota persona té dret a que es respecti la seva vida personal i familiar, sense cap ingerència pública ni privada, cosa que inclou la

inviolabilitat del seu domicili, de la correspondència postal, telemàtica, i electrònica.

2. No es podrà dur a terme cap entrada i escorcoll sense consentiment explícit del titular o autorització judicial motivada, llevat de situacions d'urgència per delicte flagrant.

Article 10. Protecció de la família

1. La família serà objecte d'especial protecció, amb independència de si les persones afectades han decidit viure sota una relació heterosexual, homosexual, monoparental o de qualsevulla altra classe.

2. La bigamia i la poligamia romanen prohibides per l'ordinament jurídic, atès que atempten contra la dignitat de la persona.

3. Els poders públics fomentaran la conciliació entre la vida familiar i la professional, per mitjà de polítiques adreçades a protegir el nivell d'ingressos quan hom tingui cura de fills menors d'edat.

4. L'Estat fomentarà el repartiment equitatiu de les tasques de la llar entre tots els seus membres, amb independència de gènere.

Article 11. Drets dels menors d'edat

1. Els menors d'edat, i en especial, els infants, gaudeixen de la protecció especial que els Tractats internacionals i Europeus els atorguen.

2. L' Estat garantirà el normal desenvolupament de la seva personalitat integral fins que assoleixin la majoria d'edat.

3.-Els drets bàsics a l'educació, la formació física i cultural, així com a l'esport, seran mereixedors d'especial cura, i gaudiran de prioritat en l'assignació presupostaria de la despesa pública.

Article 12. La nacionalitat

1. La nacionalitat catalana s'adquireix d'acord amb el que estableix la llei, per naixement, matrimoni, residència, adopció o Conveni de reciprocitat amb un altre Estat.

2. Tots els ciutadans de Catalunya que en el termini d'un any a partir de la promulgació d'aquesta Constitució així ho escullin lliurement, podran gaudir de la doble nacionalitat, catalana i espanyola, sempre i quan Espanya en reconegui el seu dret a conservar-la.

3. Els catalans continuaran essent ciutadans europeus amb tots els drets i deures de que gaudeixen en el moment de constituir-se la república catalana.

Article 13. La llibertat religiosa

1. Es garanteix la llibertat religiosa i de culte. Tota persona té dret a escollir lliurement la seva religió i conviccions filosòfiques, així com de dur- les a la pràctica de forma pacífica.

2. L'Estat es declara aconfessional i en conseqüència, cap religió podrà ser subvencionada amb fons públics.

3. Les pràctiques d'ús de vel integral que oculti la cara en espai públic, sota l'excusa de religió, no són mereixedores d'empara legal.

Article 14. La llibertat personal

1. Ningú pot ser privat de la seva llibertat , lliure circulació i residència llevat dels casos prèviament i explícita recollits en la llei.

2. Tota persona que sigui privada o se li restringeixi de forma preventiva aquest dret fonamental, ha de ser informada immediatament dels motius, romandrà sota protecció i custòdia policial, gaudirà d'assistència jurídica, i tindrà dret a ser conduïda davant del jutge predeterminat per la llei en el termini màxim de 24 hores.

3. Qualsevol persona a qui se li imputi un fet delictiu, gaudeix del dret a ser sotmesa a judici dins d'un termini raonable.

Article 15. Llibertat a la pròpia imatge pública
1. Qualsevol ciutadà té dret a que la seva imatge, intimitat i honor siguin respectats.

2. Hom té el deure de poder ser identificat per l'Autoritat legítima si roman en espais públics. Ningú podrà portar el rostre ocult en la seva totalitat, a fi i efecte d'evitar l'impunitat.

Article 16. La llibertat d'opinió i expressió
1. Tota persona té dret a expressar i difondre amb plena llibertat les seves opinions mitjançant la paraula o per escrit, o qualsevol altre mitjà.

2. Hom té dret a rebre informació lliure i veraç a través dels mitjans de comunicació, públics i privats. La llibertat de premsa està garantida i és deure de tots els poders públics fomentar-la per mitjà de la premsa, ràdio, televisió, o qualsevol altre mitjà de difusió.

3. L'exercici d'aquests drets no pot ser restringit per cap tipus de censura prèvia.

4. Es reconeix el dret a guardar el secret professional sobre la font de procedència d'una informació a totes les persones que treballin en qualsevol mitjà de comunicació, sens perjudici de les responsabilitats civils o penals en que pugui incórrer en cas de difamació.

5. Aquests drets només es poden veure restringits per la legítima protecció dels menors, pel dret a l'honor, a la imatge i a la intimitat de les persones.

Article 17. Drets d'associació i de reunió

1. El dret de creació d'associacions i entitats és lliure. La llei en regularà els tràmits i requisits d'inscripció en els corresponents registres públics. Els seus estatuts han de recollir fins democràtics i legítims.

2. Tota persona té dret a reunir-se pacíficament. Aquest dret només podrà ser limitat quan es dugui a terme en espais públics i per motius adients en garantia de la pau ciutadana.

Article 18. Dret a la llibertat sindical i de vaga

1. Els treballadors i els empresaris gaudeixen del dret a crear organitzacions que defensin llurs respectius interessos legítims.

2. Tota persona podrà decidir lliurement si vol o no pertànyer a un sindicat i participar en les seves activitats.

3. Els conflictes inherents a les relacions laborals entre empreses i treballadors, es resoldran per mitjà de la negociació , i s' s'escau, per la mediació i l'arbitratge.

4. La llei regularà l'exercici del dret de vaga, sense cap altra limitació que el seu exercici de forma pacífica.

Article 19. Dret a l'educació

1. L'ensenyament primari és gratuït, i serà obligatori per als menors de 16 anys.

2. L'escola pública gaudirà dels recursos humans, materials i financers necessaris per tal de garantir el màxim nivell de qualitat

3. La llibertat de càtedra roman garantida en tots els àmbits, sense mès restricció que l'estricte respecte als drets humans.

Article 20. Dret a la investigació científica i artística
1. La cultura és la clau de volta de l'evolució humana, la convivència i el respecte per la diversitat.
2. La recerca científica, cultural i artística mereix especial protecció per part de totes les Administracions Públiques.

Article 21. Dret al medi ambient
1. Totes les persones tenen dret a viure en un medi sostenible i en una societat respectuosa amb els recursos naturals
2. Conscients que som ciutadans d'un sol món, els poders públics vetllaran per la preservació de la biosfera , la conservació dels sistemes ecològics, i la regeneració de l'aigua , l'aire, la terra, la fauna i la flora de Catalunya.
3. Amb l'objectiu de deixar un planeta més net i saludable per a les futures generacions, la lluita contra la contaminació serà una prioritat e tots els plans públics de desenvolupament econòmic i actuacions sobre el territori.
4. El dret a posseir i fer ús dels recursos naturals, comporta el deure de prevenir els danys ambientals, i si s'escau tenir-ne cura de la seva reparació.

Article 22. Dret a participar en els afers públics
1. Tots els ciutadans tenen el dret de participar en els afers públics mitjançant la institució democràtica del vot en les eleccions, que se celebraran amb una periodicitat màxima de cada 5 anys.

2. La convocatòria d'eleccions i de referèndums, que seran lliures i universals, es competència exclusiva del Parlament.

3. Totes les persones que no hagin estat privades dels seus drets civils i polítics, gaudeixen del dret de sufragi actiu i passiu.

4. Totes les persones, associacions i fundacions poden promoure iniciatives legislatives populars. La llei en determinarà els requisits i quorums necessaris.

5. Tots els ciutadans tenen el dret inalienable d'accedir a funcions i càrrecs públics en condicions d'igualtat d'oportrunitats.

Article 23. Dret a la democràcia participativa i a la transparència

1. Catalunya es una democràcia participativa, on tots i cadascun dels ciutadans puguin sentir-se part de l'administració de la cosa pública i el bé comú

2. L'administració de l'Estat està obligada a posar a disposició dels electors totes les dades rellevants en relació a la despesa pública, àdhuc en l'àmbit municipal, i a fomentar la participació -previ debat- col·lectiva en les decisions referents a les prioritats que han de recollir els pressupostos.

3. La remuneració de tots els càrrecs electes serà púbica . El seu sou serà fixat anyalment pel Parlament, i en qualsevol cas no podrà superar 10 vegades l'import de la renda bàsica de vida digna.

Article 24. Dret a la revocació dels càrrecs electes

1. Els mandats electorals tindran un límit de dues legislatures. Els càrrecs electes no podran tornar-se a presentar fins transcorregut un termini mínim de 10 anys.

2. Els electors podran demanar als tribunals de justícia competents, la celebració de referèndums revocatoris dels alcaldes, regidors i diputats que incompleixin sistemàticament el seu programa electoral.

3. La presentació de la demanda judicial haurà d'anar avalada per les signatures d'un mínim del 25% dels electors de la llista votada.

Article 25. Tutela front de l'Administració

1. Els ciutadans tenen dret a dirigir peticions i plantejar queixes

davant del Síndic de Greuges i/o el/la Síndic/a Local, que hauran de ser contestades en el termini màxim de 30 dies.

2. Els municipis de més de 10.000 habitants hauran de tenir el/la corresponent Síndic/a, qui defensarà els drets dels ciutadans residents davant l'Administració municipal.

Article 26. Garanties i drets fonamentals

1. Les llibertats i els drets reconeguts en aquesta Constitució vinculen a tots els poders públics.

2. Ningú podrà ser extraditat o expulsat a un país on estigui admesa la pena de mort, la tortura o els tractes degradants.

Article 27. Presumpció d'innocència i tutela judicial

1. Qualsevol ciutadà pot interposar recurs d'empara en reclamació de tutela judicial efectiva davant la Sala de Garanties Constitucionals del Tribunal Suprem de la república, una vegada exhaurides les instàncies jurisdiccionals ordinàries,

2. Hom té dret a la presumpció d'innocència, al jutge ordinari predeterminat per la llei, a la defensa i assistència jurídica d'advocat, a ser informat dels càrrec imputats, a no declarar contra sí mateix, a un procés públic dins de termini raonable, i a proposar les proves que consideri adients per a la seva defensa.

Article 28. Dret a la propietat privada i a 'habitatge
digne

1. Es reconeix el dret a la propietat privada, sens perjudici d'exigir al seu legítim titular el compliment dels deures inherents a la inseparable funció social.

2. En cas d'interès públic, les Administracions podran expropiar o restringir el dret de propietat i ús, sens perjudici de la corresponent indemnització econòmica.

3. Hom té dret a l'habitatge digne. Tots els poders públics romanen obligats a tenir a disposició dels ciutadans en situació de pobresa i risc d'exclusió social, un percentatge mínim de pisos en règim de lloguer social equivalent al 10% del parc construït en cada municipi.

Article 29. Dret al treball

1. Tota persona té dret a treballar en condicions dignes, a que s'adoptin les mesures de seguretat laboral adients per tal de prevenir els riscos d'accident, i a percebre un salari equitatiu.

2. Les organitzacions sindicals vetllaran pel compliment dels drets garantits en els convenis col·lectius, i gaudiran de legitimació per a plantejar les reclamacions pertinents davant la jurisdicció social.

Article 30. Dret a protecció per malaltia i Seguretat
Social
1. Amb independència de la seva situació administrativa o
laboral, totes les persones tenen dret a l'assistència sanitària
gratuïta en cas d'urgència.

2. Les prestacions de la Seguretat Social seran garantides
en règim de proporcionalitat equitativa a tots els ciutadans
que hagin contribuït en el decurs de la seva vida al sosteni-
ment del sistema públic. La llei en

fixarà les quanties econòmiques mínima i màxima anyal,
que mai podran ser inferiors a la renda bàsica de vida digna.

Article 31. Deure de contribuir a les despeses públiques
1. Totes les persones físiques i jurídiques tenen el deure de
contribuir al sosteniment de la despesa pública dins del marc
d'un sistema tributari just i proporcional.

2. L'Agència Tributària de Catalunya garantirà el principi
d'igualtat fiscal en els impostos indirectes i el de proporcio-
nalitat en els directes.

Article 32. El principi de legalitat
1. La Constitució, la llei i la resta de l'ordinament jurídic
esdevé d'imperatiu compliment per a tots els ciutadans, sigui
quina sigui la seva nacionalitat, residència o condició social.

2. Ningú podrà ser sancionat o condemnat per accions u
omissions que no estiguin explícita i taxativament previstes
en la llei amb antelació a la data de la seva execució.

3. Les penes privatives de llibertat i les mesures de segu-
retat postdelictuals, romandran sempre adreçades a la rein-

serció social de l'individu, sens perjudici del corresponent component aflictiu.

Article 33. Prohibició de discriminació de la població reclusa

1. Es prohibeixen els treballs forçats de tota persona privada de llibertat.

2. En cas de desenvolupar voluntàriament alguna activitat productiva durant el compliment de la condemna en centre penitenciari, el/la pres/a tindrà dret a percebre un salari no inferior al mínim interprofessional.

3. Els condemnats a pena de presó gaudiran dels mateixos drets fonamentals i garanties constitucionals que les persones lliures, excepte els que li hagin estat privats temporalment i de forma expressa per resolució judicial ferma.

Article 34. Dret a la llibertat de matrimoni

1. L'home i la dona tenen dret a contraure matrimoni amb plena igualtat jurídica, amb independència de la orientació sexual de la parella escollida lliurement.

2. Les relacions jurídiques de parelles de fet gaudeixen d'idèntics drets civils i socials que les famílies lligades per matrimoni.

3. La separació matrimonial i el divorci són explícitament reconeguts i emparats per la llei, que en determinarà els requisits de proce4diment.

Títol tercer

L'organització territorial i l'administració pública

Capitol I. El territori

Article 35. Dels límits geogràfics i polítics
1. Catalunya limita al nord amb França, al sud i l'oest amb Espanya. Es compromet a mantenir els actuals límits territorials, sens perjudici de fomentar els especials lligams amb les terres de parla catalana sota sobirania d'altres Estats.

2. La política exterior i diplomàtica tindrà especial cura en vetllar pel respecte als drets d'autodeterminació dels pobles, exercit d'acord amb els principis democràtics i de legalitat internacional.

Article 36. De l'organització territorial i l'administració
1. La divisió administrativa bàsica és la comarca.

2. Per tal de garantir la màxima eficiència dels serveis públics, l'Estat català estarà format per 7 vegueries. La Llei en determinarà l'extensió i competències específiques.

3. Les comarques es divideixen en municipis, que podran lliurement agrupar-se amb l'objectiu de prestar millors serveis a la comunitat.

Article 37. Drets dels ciutadans

1. L'ordinament jurídic reconeix com un valor democràtic el dret de la ciutadania a intervenir en els afers públics del seu lloc de residència, d'acord amb el principi de proximitat.

2. L'exercici de les competències pròpies dels ens locals, podrà ser supervisat pel Síndi/a Local, qui vetllarà per la defensa dels drets dels administrats davant el Consistori, tot fent les recomanacions que consideri adients.

Article 38. L'equitat i la mediació en els conflictes veïnals

1. La voluntat de conciliació i mediació entre les persones que resideixin en el municipi quan es produeixi algun conflicte de convivència, serà la clau de volta de l'actuació dels Síndics Locals.

2. En l'exercici de la seva funció gaudiran de plena independència en relació a la resta de poders públics, i en especial, de l'Ajuntament del seu municipi.

3. Durant el període de mandat els/les díndics/ques no podran ostentar cap altre càrrec polític, i en especial, de direcció dels partits en els quals militin.

4. La duració mínima del mandat serà de 3 anys i la màxima de 5 anys, sense que es puguin presentar a la reelecció.

5. El càrrec no serà retribuït, sens perjudici del deure de la Corporació Local a dotar-ne l'oficina adient, amb els mitjans humans i materials necessaris, així com sufragar les despeses inherents a la seva funció.

Capitol II. Els Poders públics i les Institucions

Secció I. El poder legislatiu

Article 39. El Parlament

1. És l'únic titular de la representació sobirana del poble de Catalunya.

2. Consta d'una única camera amb 105 diputats elegits per sufragi lliure universal, d'acord amb els requisits establerts en la llei electoral.

3. Cada cinc anys serà renovat íntegrament. Cap diputat podrà presentar-se més de dues legislatures seguides.

4. Els diputats gaudeixen de plena immunitat parlamentària, i en conseqüència no poden incorrer en cap responsabilitat jurídica pels actes i expressions que duguin a terme en exercici de les seves funcions.

Article 40. Funcions

1. Exerceix la potestat legislativa, aprova els pressupostos de l'Estat, impulsa i controla l'acció política del Govern.

2. Gaudeix de plena autonomia organitzativa, financera i disciplinària.

3. Elabora i aprova el seu Reglament intern, el pressupost i l'estatut del personal administratiu.

Article 41. Règim electoral

1. La circumscripció electoral és la comarca.

2. La Llei Electoral determina el número de diputats, atenent criteris de proporcionalitat i representació territorial i poblacional.

3. Cada comarca gaudirà de tants col·legis electorals com diputats li assigni la Llei Electoral vigent.

4. La llei regularà els criteris específics de proporcionalitat a fi i efecte d'evitar que una sola llista o partit pugui assolir la majoria absoluta dels escons.

5. Les llistes electorals seran obertes i els electors podran votar indistintament qualsevol dels candidats fins al nombre màxim predeterminat per la llei.

Article 42. Drets i deures dels diputats

1. Els membres del Parlament són independents i només responen davant dels seus electors de la seva circumscripció.

2. Cada diputat gaudeix de plena llibertat a l'hora d'emetre el seu vot, i per tant, no està obligat a seguir cap disciplina de partit.

3. Per a l'enjudiciament dels diputats contra qui es tramiti un procediment criminal, serà competent el/la jutge/essa natural predeterminat per la llei, prèvia autorització de la Sala Penal del Tribunal Suprem de la república, únic organ amb competència per a aixecar la immunitat parlamentària en cas de delicte.

Article 43. Organs del Parlament

1. El Parlament té un/a President/a i una mesa elegits pel Ple.

2. Les seves funcions, el procés d'elecció, i el funcionament de les Comissions, seran regulats pel Reglament de la camera.

3. El Reglament regula també els drets i els deures individuals i col·lectius dels diputats, les formes d'intervenció en l'exercici de les seves funcions, les atribucions dels portaveus

dels partits, i les sancions disciplinàries en que puguin inco-
rrer.

Article 44. Publicitat i transparència

1. El Parlament es reuneix en sessions ordinàries amb una periodicitat mínima mensual, a la qual estan obligats a assistir totes/es els diputats/ades, llevat de causa de força major.

2. Les sessions del Ple són públiques, excepte en els supòsits establerts per la llei.

3. La Diputació Permanent vetllarà per la continuïtat dels poders del Parlament en els períodes entre sessions i quan ha finit el mandat electoral, fins la constitució de la nova camera.

Article 45. Tractats internacional

1. Catalunya manté relacions d'amistat amb tots els Estats democràtics i socials de Dret. Per a garantir-les, el Parlament signarà els Convenis i Tractats internacionales i bilaterals necessaris.

2. Una vegada ratificats i publicats al Diari Oficial de l'Estat, passen a formar part de l'ordinament jurídic intern.

4. Tots els Tractats signats per l'Estat espanyol seguiran en vigor llevat de decisió en contra d'una majoria qualificada de 3/5 parts del Parlament.

5. Catalunya assumeix tots els drets i deures derivats dels esmentats Tractats i Convenis.

Article 46. Règim d'adopció d'acords parlamentaris

1. El Parlament s'ha de trobar reunit amb la assistència presencial de la majoria absoluta dels diputats per a poder adoptar acords.

2. Els acords requereixen el vot favorable de la majoria simple dels diputats presents per tal de ser aprovats.

3. Es requerirà una majoria qualificada, prèviament establerta en la llei, per a poder aprovar normes que afectin a drets fonamentals.

Article 47. Transparència parlamentària

1. El Parlament pot crear comissions d'investigació sobre qualsevol assumpte de rellevància pública, i en especial, per a depurar possibles responsabilitats polítiques en afers de presumpte corrupció.

2. Els diputats romanen obligats a fer públic el seu patrimoni abans de prendre possessió de l'escó. Dita relació s'actualitzarà en el moment de finalitzar la legislatura o cessar anticipadament en el càrrec.

Article 48. Participació democràtica en l'àmbit
parlamentari

1. El Reglament del Parlament ha de regular les normes de procediment per a la tramitació de les peticions individuals i/o col·lectives.

2. Les iniciatives legislatives populars requeriran per a ser admeses a

tràmit l'aval d'un mínim de 50.000 signatures de persones amb dret a vot.

Article 49. Iniciativa legislativa

1. La iniciativa legislativa correspon als diputats , al Govern, i als ciutadans mitjançant la iniciativa legislativa popular,.

2. El Parlament pot delegar en les comissions legislatives permanents la tramitació i aprovació d e proposicions de llei, excepte quan es tracti de lleis de reforma constitucional.

Article 50. Legislació d'urgència

1. El Parlament pot delegar en el Govern la potestat de dictar normes amb rang de decret llei quan concorrin raons d'urgència.

2. El Parlament ha de validar expressament els decrets llei en un termini improrrogable de 60 dies des de la seva promulgació.

Secció II. El Poder Executiu

Article 51. El/a President/a

1. És el Cap d'Estat i màxima Autoritat de Catalunya.

2. És elegit/da per sufragi universal directe, lliure i secret dels ciutadans amb dret a vot.

3. Tindrà una limitació de dos mandats de 5 anys cada un.

Article 52. Règim estatutari i finalització del mandat

1. El seu estatut personal serà regulat per una llei del Parlament.

2. En cas de dimissió o cessament per aprovació d'una moció de censura , denegació d'una qüestió de confiança, defun-

ció, o per incapacitat permanent física o mental, provisionalment es farà càrrec de les seves funcions el/la president/a del Parlament, fins nova elecció en sufragi universal del poble.

Article 53. Competències presidencials

1. El President/a nomenarà al Primer Ministre de la república, qui exercirà el càrrec durant un termini màxim de dues legislatures.

2. El President/a gaudeix del dret de vet sobre les lleis aprovades al Parlament llevat aquelles que hagin obtingut una majoria qualificada.

3. Correspon al President/a promulgar les lleis i els decrets llei i ordenar- ne la publicació. Signar tractats internacionals en nom de Catalunya. Acreditar i rebre els diplomàtics estrangers. Convocar eleccions i referèndums.

Article 54. El/a Primer/a Ministre/a

1. El/la Primer Ministre/a ha de formar Govern en un termini no superior a trenta dies naturals després de les eleccions.

2. La composició del Consell de Ministres és competència exclusiva del Cap de Govern.

3. El/a Primer/a Ministre/a substitueix al President/a de la república en els casos d'absència a l'estranger o malaltia temporal.

Article 55. El Govern

1. El Govern és l'òrgan col·legial que dirigeix i executa l'acció política de l'Estat.

2. Està integrat pel Primer Ministre (cap de Govern) i els ministres de cada àmbit. Les seves funcions i competències seran regulades per una llei específica.

3. El Consell de Ministres en ple cessa quan ho fa el Cap de Govern.

4. Totes les normes jurídiques que dicti el Govern seran publicades en el Diari Oficial de la República.

Article 56. L'Administració de l'Estat

1. L'Administració de l'Estat és l'ens públic encarregat d'exercir les funcions executives atribuïdes per aquesta Constitució al Govern.

2. Es regeix pels principis d' objectivitat, defensa dels interessos generals, submissió a la llei i servei públic.

3. D'acord amb el principi de transparència, ha de fer pública amb periodicitat mínima anyal la informació necessària perquè els ciutadans en puguin avaluar l'eficàcia de la seva gestió.

Article 57. Desenvolupament territorial

1 Les Administracions Públiques exerceixen les seves funcions al territori d'acord amb els principis de desconcentració, descentralització, subsidiarietat i proximitat.

2.L'estatut jurídic del personal al servei de l'Administració pública fixarà el règim d'incompatibilitats, la garantia de formació tècnica i continuada, a l'ensems que els requisits d'accés.

Article 58. El/la Síndic/a de Greuges

1. El/a Síndic/a de Greuges té la funció de protegir i defensar els drets dels ciutadans davant l'Administració.

2. És l'encarregat institucional de supervisar l'activitat de totes les Administracions públiques d'arreu de l'Estat, sens perjudici de les competències exclusives assignades als Síndics/ques Locals.

3. Rebrà les queixes i peticions de qualsevol ciutadà i té l'obligació de donar resposta en un termini màxim de 30 dies.

Article 59. Sistema d'elecció dels Síndics

1. Tant els Síndics de Greuges com els/les Locals són persones físiques no vinculades a cap partit polític durant el seu mandat.

2. Seran escollits/ides per sufragi universal directe, lliure i secret per un període no prorrogable de deu anys, entre els ciutadans del seu respectiu territori.

Article 60. Competències dels Síndics

1. El Parlament ha de dotar al Síndic de Greuges, i els Ajuntaments als Síndics Locals, de l'estructura material , recursos humans i financers, necessaris per a dur a terme les seves funcions.

2. Les administracions públiques de Catalunya tenen l'obligació de cooperar amb el Síndic. En cas d'incompliment reiterat, la Sindicatura podrà imposar les sancions previstes en la llei.

3. Els/es Síndics/ques exerceixen les seves funcions amb plena independència i objectivitat, són inamovibles i només poden ésser destituïts o suspesos per les causes que prèviament estableix la llei.

Article 61. La Sindicatura de Comptes

1. És l'òrgan fiscalitzador extern dels comptes públics de l'Administració estatal i de la resta d'ens locals.

2. Estarà formada per deu síndics designats pel Parlament, amb acord que requereix majoria qualificada.

3. Exerceix la seva funció de forma col·legiada i tindrà un mandat de 5 anys, renovable per uns altres cinc.

4. Actua amb plena autonomia organitzativa, funcional i pressupostària, d'acord amb la Llei.

5. S'han de regular per llei l'estatut personal, les incompatibilitats, les causes de cessament, l'organització i el funcionament de la Sindicatura.

Article 62. Publicitat i transparència dels informes de
la Sindicatura

1. La Sindicatura de Comptes publicarà anyalment un informe amb exposició dels dèficits i desviacions econòmiques detectades.

2. Els partits polítics tindran el deure inexcusable de lliurar a la Sindicatura el balanç de cada exercici , amb detall de les despeses pressupostàries destinades a campanyes electorals.

3. Les conclusions i recomanacions de la Sindicatura seran lliurades al Parlament i al Govern de l'Estat.

Article 63. L'oficina Antifrau

1. El Parlament de Catalunya designarà el director de l'Oficina antifrau amb mandat durant una legislatura, i li as-

signarà la dotació presupostària adient per a poder complir amb eficiència les seves funcions.

2. L'Oficina tindrà competència exclusiva en la investigació de tots els afers de presumpta corrupció política i/o administrativa. Tan bon punt en detecti indicis racionals de criminalitat, lliurarà les actuacions amb un informe a la Fiscalia General de Catalunya.

3. Gaudirà de plena independència i actuarà amb absoluta imparcialitat. Cap dels seus càrrec directius pot pertànyer a partits polítics.

Article 64. Els governs locals

1. L'estructura territorial bàsica de Catalunya es recolza en els municipis.

2. Les comarques estan integrades per un o més municipis, en funció de la seva població i extensió geogràfica.

3. Els Ajuntaments podran signar acords entre ells per tal de formar ens supramunicipals, amb l'objectiu de millorar l'eficiència dels serveis públics comuns.

Article 65. Competències de les corporacions municipals

1. Els municipis tenen competències exclusives en totes aquelles matèries que els assigni la llei de Règim Local.

2. Les seves funcions es regeixen pel principi de subsidiarietat, d'acord amb el que estableix la Carta europea d'autonomia local, i el de

suficiència financera.

3. L'ordenació i gestió del territori, l'urbanisme i la gestió d'assistència social és competència exclusiva dels Ajuntaments.

4. Els plans urbanístics i la requalificació de sòl han de ser aprovats i autoritzats pel Ministeri corresponent de l'Estat.

Article 66. Les Vegueries

1. El govern i l'administració autònoma de les comarques correspon a la corresponent vegueria, ens format per un/a president/a i un Consell integrat per 10 membres.

2. Les funcions de les vegueries i l'estatut dels seus membres es fixaran per una llei del Parlament, d'acord amb criteris de representació proporcional.

3. Atesa la seva demografia, la vegueria del Barcelonès disposa d'un règim especial establert per una llei del Parlament.

Article 67. La Vall d'Aran

1. La Vall d'Aran gaudeix d'un règim jurídic especial establert per llei del Parlament.

2. La seva organització institucional i administrativa és competència exclusiva del Conselh Generau, llevat allò que recull aquesta Constitució.

3. La llengua pròpia i oficial és l'aranès, en règim de cooficialitat amb el català.

Article 68. Institucions fonamentals de la Vall d'Aran

1. El govern de la Vall d'Aran rau en el Conselh Generau, format pel Síndic major, el Plen des Conselhèrs/ères i la Comissió d'Auditors de Comptes.

2. El síndic/a és la més alta representació de l'Estat català a la Vall d'Aran.

Article 69. Règim electoral

1. El govern de la Vall d'Aran és elegit per mitjà de sufragi universal directe, lliure i secret, en la forma establerta per la Llei electoral de Catalunya.

2. El Conselh Generau participarà en l'elaboració de totes les iniciatives legislatives que afectin el seu territori.

Secció III. El Poder Judicial

Article 70. La justícia

1. La justícia s'administra en nom del poble, pels jutges/esses i magistrats/ades integrants del Poder judicial.

2. Els seus membres només estan sotmesos a l'imperi de la Llei, són independents i gaudeixen d'immunitat en l'exercici e les seves funcions, llevat de les responsabilitats penals i/o disciplinàries en què puguin incórrer.

Article 71. Jurat popular

1. Ell ciutadans tindran el deure de participar en l'Administració de justícia a través de la institució del Jurat Popular. La llei determinarà els afers competència exclusiva d'aquesta institució.

Article 72. La Judicatura

1. Els/les jutges/esses accedeixen al càrrec mitjançant concurs-oposició pública, en la forma que la llei determini.

2. No poden ser suspesos, traslladats ni apartats de l'exercici de la seva jurisdicció si no és per alguna de les causes expressament recollides en la corresponent llei orgànica.

Article 73. Règim d'incompatibilitats

1. Els membres de la carrera judicial no poden pertànyer a partits polítics ni sindicats, llevat de les associacions professionals corresponents.

2. La llei fixarà el règim d'incompatibilitats taxades que afecten als membres de la judicatura durant l'exercici del càrrec. En cap cas, podrà quedar prohibit el seu dret a la llibertat d'expressió, opinió i creació intel·lectual.

Article 74. Els procediments judicials

1. Els procediments judicials seran públics, llevat de supòsits excepcionals, prèviament previstos en la llei a fi i efecte de garantir la indemnitat de les víctimes.

2. Tots els afers s'instruiran de manera preferentment oral, sens perjudici de la digitalització informàtica dels actes judicials.

3. Les sentències i interlocutòries són públiques, han de gaudir de la motivació adient d'acord amb els canons constitucionals, seran redactades per escrit i notificades a totes les parts comparegudes en el procés.

Article 75. Cooperació del Poder Executiu

1. Les sentencies i demés resolucions fermes dels jutges i tribunals són de compliment imperatiu. En cas d'incompliment voluntari per part de la persona física o jurídica obligada, seran executades per via de constrenyiment forçós.

2. La justí cia és gratuïta per a totes aquelles persones físiques que no gaudeixin de recursos econòmics adients, d'acord amb els paràmetres que fixi la corresponent llei específica.

Article 76. Finançament de la justícia

1. Les taxes judicials es fixaran d'acord amb la capacitat econòmica del litigant.

2. L'Estat vetllarà per tal que els recursos financers, humans i tecnològics necessaris per tal que la justícia pugui dur a terme les seves funcions, estiguin garantits d'acord amb el principi de suficiència i optimització.

Article 77. Responsabilitat patrimonial de l'Estat

1. L'Estat respon dels danys i perjudicis ocasionats amb motiu dels errors judicials i/o del funcionament anormal de l'Administració de justícia.

2. Anyalment es dotarà al Tribunal Suprem de la República d'un fons

pressupostari específic per a poder indemnitzar a les víctimes de delictes violents, cas que el culpable hagi estat declarat insolvent, sens perjudici del dret de repetició si millorés fortuna.

Article 78. El Consell General del Poder Judicial de Catalunya

1. El Consell General és l'òrgan de govern dels jutges, magistrats i fiscals; estarà format per deu membres i un President/a.

2. El seu estatut orgànic i el règim d'incompatibilitats dels seus membres, així com les seves funcions, serà fixat per la corresponent llei.

3. Els nomenaments, inspeccions, promoció i règim disciplinari es regiran per estrictes criteris de capacitat, mèrit i antiguitat.

4. El seu pressupost anyal serà aprovat pel Parlament, i romandrà sotmès a criteris de transparència i eficàcia.

5. Cada cinc anys es procedirà a la seva renovació íntegra.

Article 79. El Tribunal Suprem

1. El Tribunal Suprem té jurisdicció a tot el territori de Catalunya, és l'òrgan jurisdiccional superior en tots els àmbits, i estarà format per cinc Sales, amb competència exclusiva cada una: Dret penal; Dret Civil; Dret Social; Dret contenciós-administratiu; i Dret Constitucional.

2. Cada Sala del Tribunal Suprem consta de cinc membres, escollits pel Consell General del Poder Judicial. Els candidats han de ser magistrats o juristes de reconegut prestigi.

3. La seva funció consistirà en unificar doctrina i establir jurisprudència.

Article 80. La Sala de Garanties Constitucionals

1. Estarà formada per cinc magistrats/ades amb competència exclusiva per a resoldre en última instància els conflictes relatius a drets fonamentals.

2. La seva composició es regularà per una llei específica d'acord amb els següents criteris: un serà elegit per sufragi universal; un pel conjunt de la carrera judicial i fiscal; un pel Parlament amb majoria de 3/5 parts dels diputats; un pel

Consell d'Il·lustres Col·legis d'Advocats i Procuradors de Catalunya; i el darrer pels Síndics/ques Locals.

Article 81. Competències de la Sala de Garanties Constitucionals

1.   És   l'encarregada   de   resoldre   els   recursos d'inconstitucionalitat i recursos d'empara.

2. Les seves sentències són definitives, sens perjudici dels recursos que la legislació internacional preveu davant del Tribunal Europeu dels Drets Humans i el Tribunal de la Unió Europea.

3. Les sentències es publicaran al Diari Oficial de l'Estat, i contra elles no s'hi podrà interposar cap recurs ordinari o extraordinari.

4. El recurs d'empara podrà ser formalitzat per qualsevol ciutadà o persona jurídica que invoqui un dret fonamental en defensa d'interès legítim.

Article 82. Renovació de càrrecs

1. La Sala de Garanties Constitucionals es renovarà íntegrament cada cinc anys.

2. Els seus membres no poden pertànyer a partits polítics ni sindicats, ni exercir cap càrrec públic o altra activitat professional o mercantil.

Article 83. El Ministeri Fiscal

1. Forma part del Poder Judicial i té com a objectiu promoure l'acció de la justícia en defensa de la legalitat, dels drets dels ciutadans i de l'interès públic.

2. La seva intervenció pot iniciar-se d'ofici o a petició de part legitimada.

3. La Llei regularà l'estatut orgànic del Ministeri Fiscal, d'acord amb el principi de jerarquia interna i autonomia de la resta de poders públics.

Article 84. El Fiscal General de Catalunya
1. El Fiscal General de l'Estat serà proposat pel Consell General del Poder Judicial, i el seu nomenament haurà de ser ratificat pel Parlament.

2. Els/les fiscals no poden pertànyer a partits polítics ni sindicats durant l'exercici de la seva funció, llevat de les associacions professionals corresponents. La llei en fixarà el règim d'incompatibilitats.

Títol quart. Relacions exteriors

Article 85. Catalunya nació de pau
1. Catalunya és territori lliure d'exèrcit i forces armades, llevat de la policia pròpia (Mossos d'Esquadra) encarregada de la seguretat pública.

2. Els valors suprems que l'Estat republicà vol transmetre a la resta de pobles del món, són la justícia social, la cultura, la pau, la lluita contra la pobresa, la protecció del medi ambient, la solidaritat, la cooperació internacional, el desenvolupament sostenible, i la igualtat en drets i deures de tots els éssers humans.

Article 86. Nou sistema socioeconòmic
1. La república catalana considera un objectiu prioritari que totes les polítiques internacionals i europees en l'àmbit social i econòmic es desenvolupin d'acord amb els principis fundacionals de Nacions Unides i de la Unió Europea.

2. Per tal d'assolir-los, caldrà que valors com la competitivitat, l'esforç, la lliure circulació de persones, mercaderies i capitals, parteixin de l'axioma inequívoc de no vulnerar mai els drets fonamentals de les persones i els pobles.

3. En aquest sentit, l'economia de mercat haurà de romandre sempre subjecta a criteris de regulació equitativa aprovats pels legítims representants dels titulars de la sobirania popular.

Article 87. Relacions de bon veïnatge amb l'Estat
espanyol

1. Catalunya és conscient dels múltiples lligams que en el decurs de la nostra història ha tingut amb el poble espanyol, i desitja fermament mantenir-los i millorar-los en condicions de bilateralitat.

2. La república garanteix els drets de tots aquells catalans que, per una u altra raó, vulguin lliure i democràticament conservar les seves relacions personals i col·lectives amb els nostres germans de la península ibèrica.

Article 88. Foment de les relacions jurídiques i
polítiques

1. Dins del marc d'Europa, l'Estat català fomentarà les relacions de tot tipus amb l'Estat espanyol, amb especial cura de les matèries en que l'interès general sigui comú.

2. Tots els Tractats signats per Espanya són assumits per la república de Catalunya d'acord amb el deure de successió, sens perjudici de la seva renegociació futura amb les entitats supranacionals concernides.

Article 89. La moneda i el Banc Central de Catalunya

1. L'euro és la moneda de curs legal a tot l'Estat català.

2. L'emissió de moneda i bitllets serà competència exclusiva del Banc Central de la república, d'acord amb els criteris i límits fixats pel Banc Central Europeu.

3. La seu permanent del BCC serà la ciutat de Barcelona.

Article 90. Relacions internacionals

1. Catalunya declara la seva ferma voluntat de formar part de la Organització de Nacions Unides com a membre de ple dret.

2. Catalunya vol continuar formant part de la Unió Europea, i passar a ser al més aviat possible el seu Estat número 29.

3. En conseqüència, el Parlament i el Govern duran a terme tots els passos adients per aconseguir el nostre manteniment dins d'aquests organismes, o si s'escau, la nostra adhesió en el termini més curt que la legislació internacional permeti.

Títol cinquè

Article 91. Reforma de la Constitució

1. Atès que la Constitució ha d'adaptar-se sempre a la realitat social i política del país, s'estableixen els següents mecanismes per a reformar-ne el text, total o parcialment.

2. En el decurs de la seva reforma, romandrà garantida la continuïtat en el funcionament de tots els organismes del país.

Article 92. Competència i quorums per a la reforma constitucional

1. La iniciativa legislativa per la reforma de la Constitució ha de ser aprovada per un mínim de 3/5 dels diputats del Parlament.

2. Si el projecte de reforma afecta als drets fonamentals del Títol Primer es requerirà una majoria qualificada de 2/3 dels diputats.

3. Si es presenta una iniciativa legislativa popular de reforma constitucional, caldrà que vagi avalada amb un mínim del 25% dels electors amb dret a vot.

Article 93. Referèndum popular

1. Si la reforma de la Constitució és total o inclou algun dels articles que garanteixen drets fonamentals, haurà de ser sotmesa a referèndum en un termini màxim de 30 dies una vegada aprovada pel Parlament.

2. El referèndum serà vinculant i requerirà per a la seva aprovació una majoria simple de participació dels electors i dels vots vàlids emesos.

Article 94. Vinculació al Dret internacional

1. En cap cas la reforma constitucional pot comportar decisions que atemptin al dret internacional relatiu als drets fonamentals recollits en el Pacte de Drets Civils i Polítics i en el Conveni Europeu de Drets Humans.

Article 95. Revisió judicial

1. La Sala de Garanties Constitucionals no gaudeix de competència per a revisar d'ofici o a instància de part, el text de la reforma una vegada aprovat en referèndum popular.

2. Cap partit polític, institució pública o de dret privat gaudeix de legitimitat per a interposar recurs d'inconstitucionalitat prèvia front d'una reforma parcial de la Constitució, una vegada referendada pel poble en referèndum.

Article 96. Publicació

1. El text dels articles reformats serà publicat en el Diari Oficial de l'Estat en un termini màxim de 5 dies, a partir dels quals entrarà en vigor.

Article 97. Garantia d'estabilitat

1. Haurà de transcorrer un període mínim de 2 anys entre una proposta de reforma constitucional i la següent, hagi estat aprovada o no en seu parlamentària o referendària.

Disposicions Transitòries

Primera

1. El President/a de la Generalitat en el moment de la declaració d'independència i fins que no s'hagi publicat aquesta Constitució continuarà actuant com a Cap d'Estat en funcions.

2. Les seves tasques seran: presidir l'Assemblea Constituent, convocar el referèndum popular d'aprovació d'aquesta Constitució, i representar Catalunya davant la comunitat internacional.

3. Convocar eleccions legislatives i presidencials.

Segona

La situació d'interinatge tindrà una durada màxima d' un any.

Disposició derogatòria

La publicació d'aquesta Constitució deroga, en el territori de Catalunya, la Constitució del Regne d'Espanya aprovada el 6 de desembre de 1978.

Disposició final

Aquesta Constitució entrarà en vigor al dia següent de la seva publicació al Diari Oficial de la República de Catalunya.

Libros a la carta

A la carta es un servicio especializado para

empresas,

librerías,

bibliotecas,

editoriales

y centros de enseñanza;

y permite confeccionar libros que, por su formato y concepción, sirven a los propósitos más específicos de estas instituciones.

Las empresas nos encargan ediciones personalizadas para marketing editorial o para regalos institucionales. Y los interesados solicitan, a título personal, ediciones antiguas, o no disponibles en el mercado; y las acompañan con notas y comentarios críticos.

Las ediciones tienen como apoyo un libro de estilo con todo tipo de referencias sobre los criterios de tratamiento tipográfico aplicados a nuestros libros que puede ser consultado en Linkgua-ediciones.com.

Linkgua edita por encargo diferentes versiones de una misma obra con distintos tratamientos ortotipográficos (actualizaciones de carácter divulgativo de un clásico, o versiones estrictamente fieles a la edición original de referencia).

Este servicio de ediciones a la carta le permitirá, si usted se dedica a la enseñanza, tener una forma de hacer pública su interpretación de un texto y, sobre una versión digitalizada «base», usted podrá introducir interpretaciones del texto fuente. Es un tópico que los profesores denuncien en clase los desmanes de una edición, o vayan comentando errores de interpretación de un texto y esta es una solución útil a esa necesidad del mundo académico.

Asimismo publicamos de manera sistemática, en un mismo catálogo, tesis doctorales y actas de congresos académicos, que son distribuidas a través de nuestra Web.

El servicio de «libros a la carta» funciona de dos formas.

1. Tenemos un fondo de libros digitalizados que usted puede personalizar en tiradas de al menos cinco ejemplares. Estas personalizaciones pueden ser de todo tipo: añadir notas de clase para uso de un grupo de estudiantes, introducir logos corporativos para uso con fines de marketing empresarial, etc. etc.

2. Buscamos libros descatalogados de otras editoriales y los reeditamos en tiradas cortas a petición de un cliente.